Los herbívoros

Jill Foran

LIGHTB◆X
openlightbox.com

LIGHTBOX

Entre a
www.openlightbox.com
e ingrese el código único
de este libro.

CÓDIGO DE ACCESO

LBL32965

Lightbox es una completa solución digital para enseñar
y aprender temas curriculares de una manera original
e innovadora. Lightbox se basa en las Normas
Curriculares Nacionales.

CARACTERÍSTICAS ESTÁNDAR DE LIGHTBOX

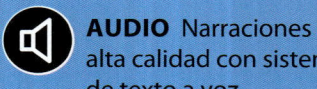

AUDIO Narraciones de alta calidad con sistema de texto a voz

ACTIVIDADES PDFs imprimibles que pueden enviarse por correo electrónico y calificarse

PRESENTACIÓN EN DIAPOSITIVAS Ilustraciones gráficas de los conceptos clave

VIDEOS Videoclips de alta definición incorporados

ENLACES WEB Enlaces cuidadosamente seleccionados con recursos seguros para niños

TRANSPARENCIAS Capas paso a paso de mapas, diagramas, cuadros y cronologías

MAPAS INTERACTIVOS  Mapas interactivos e imágenes satelitales aéreas

CUESTIONARIOS Diez preguntas de elección multiple con puntaje automático que se envían por correo electrónico al docente para su evaluación

PALABRAS CLAVE Combinación de los conceptos clave con sus definiciones

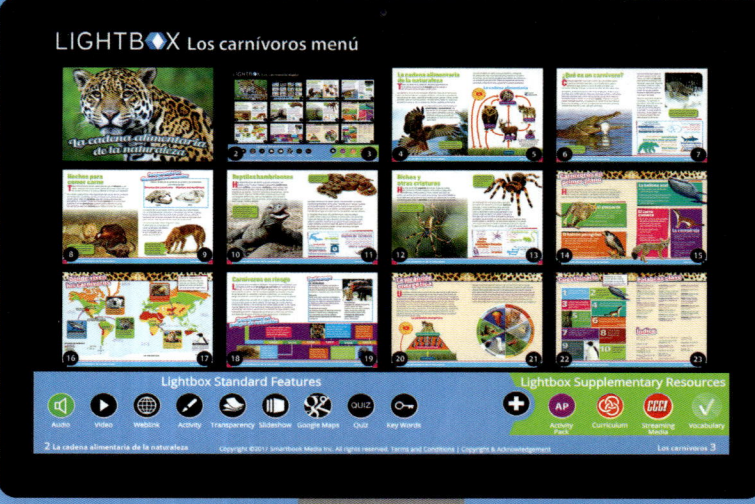

Contenidos

La cadena alimentaria de la naturaleza

Todos los seres vivos necesitan alimento para sobrevivir. El alimento proporciona la **energía** que las plantas y los animales necesitan para crecer y vivir.

Las plantas y los animales necesitan diferentes tipos de alimento para vivir. Las plantas fabrican su propio alimento, utilizando la energía del sol y el agua del suelo. Algunos animales comen plantas. Otros, comen animales que han comido plantas. De esta forma, todos los seres vivos se conectan entre sí. Estas conexiones forman cadenas alimentarias.

La cadena alimentaria está formada por **productores** y **consumidores**. Las plantas son los principales productores de la cadena alimentaria porque producen energía que puede ser utilizada por el resto de los seres vivos de la Tierra.

La mayoría de las abejas obtiene el alimento que necesita de las flores de las plantas.

Los consumidores son seres vivos que reciben su energía de los productores. Hay cinco tipos de consumidores en la cadena alimentaria: los carnívoros, los descomponedores, los herbívoros, los omnívoros y los parásitos. Todos los organismos del mundo pertenecen a alguno de estos grupos de la cadena alimentaria.

La cadena alimentaria

Sol

Descomponedor

■ Productor
■ Consumidores

Omnívoro

Carnívoro

Parásito

Herbívoro

Los parásitos se alimentan de seres vivos que encuentran en todos los niveles de la cadena alimentaria.

Productor

¿Qué es un herbívoro?

Herbívoro significa "que come plantas". Es una palabra latina. El término herbívoro describe a los animales de la cadena alimentaria que solo comen **vegetación**. Los herbívoros obtienen su energía de la materia vegetal que comen. Esta materia incluye a las flores, frutos, pastos, hojas e incluso a la madera.

Los herbívoros pueden **digerir** las plantas que comen. Luego, convierten la energía de la materia vegetal para poder usarla. Los ciervos, los elefantes y los conejos son algunos ejemplos de animales herbívoros. La mayoría de los insectos y muchos tipos de aves también comen plantas.

Las dietas de los herbívoros varían. Algunos se alimentan solo de un único tipo de planta. Otros comen muchos tipos de vegetación. A la mayoría de los herbívoros no le cuesta mucho encontrar su alimento. El ganado está rodeado del pasto que necesita para comer. Otros herbívoros viven en **hábitats** donde les es más difícil encontrar alimento y sobrevivir.

El koala come solo un tipo de planta, hojas de eucalipto.

En las áreas donde el clima cambia mucho entre una estación y otra, las dietas de los herbívoros dependen de la estación, porque en las diferentes épocas del año, crecen alimentos vegetales distintos. En primavera, los herbívoros podrían comer los **brotes** tiernos o flores de las plantas. En invierno, podrían comer la corteza de los árboles que no tienen hojas.

El ganado de un campo pasa de 6 a 11 horas por día comiendo pasto.

El elefante africano, el herbívoro **más grande del mundo** puede pesar 6,6 toneladas (6 toneladas métricas).

Las mandíbulas de muchos herbívoros se mueven de un lado a otro para que estos animales puedan **triturar y moler** vegetales duros.

Los herbívoros pasan hasta **18 horas por día** comiendo.

Un koala come unas **3 libras** (1,3 kilogramos) de hojas de eucalipto por día.

Hechos para comer plantas

Todos los herbívoros tienen características que se **adaptan** a sus dietas. Muchos herbívoros tienen partes del cuerpo especiales que los ayudan a masticar y digerir la materia vegetal. Una de las características más importantes del cuerpo de los herbívoros son los dientes. Sus dientes están diseñados para comer vegetación.

Los herbívoros que **roen** las plantas tienen dientes delanteros filosos llamados incisivos que utilizan para romper nueces, madera y otra materia vegetal gruesa. Los herbívoros que muelen su alimento antes de tragarlo, como el caribú, el alce y otros tipos de ciervos, tienen grandes dientes planos llamados molares para triturar el alimento.

El alce usa sus molares para moler alimentos como brotes de plantas y muchos tipos de pastos.

Comparando los dientes de los animales

Observa las fotos de los dientes de un carnívoro y de un herbívoro.
¿Qué diferencias ves?

Dientes del carnívoro

León

Dientes del herbívoro

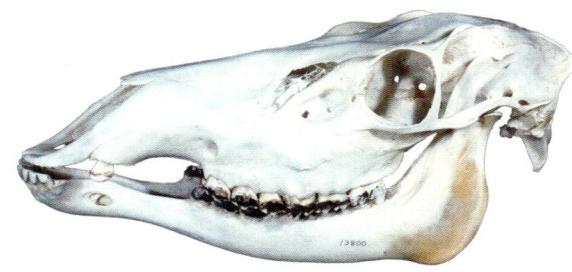

Alce

El ganado tiene cuatro cámaras, o secciones, en su estómago, en lugar de una. Cuando una vaca traga pasto u otras plantas, el alimento va a la primera cámara, llamada rumen. Allí, las **bacterias** descomponen el alimento en algo llamado contenido ruminal. Luego, la vaca vuelve a llevar el contenido ruminal a su boca y lo vuelve a masticar. Más tarde, este contenido pasa por las otras tres cámaras del estómago. Este proceso facilita la digestión.

Hay otros herbívoros que también tienen cuatro cámaras estomacales, como el antílope, el bisonte, el ciervo y la oveja. Algunos herbívoros, como los camellos, tienen tres cámaras. Los **mamíferos** con más de una cámara estomacal se llaman rumiantes.

Los camellos almacenan parte de la energía que obtienen de su alimento como grasa en sus jorobas. Los camellos usan esta grasa cuando el alimento escasea.

Aves y picos

Las aves no tienen dientes. En su lugar, usan sus picos para comer. Algunas aves, como el picogordo y la cacatúa, usan sus cortos y fuertes picos para abrir nueces y semillas. Sus picos funcionan como un cascanueces.

Los chupasavias no parten nueces con sus picos. Estas aves comen la savia dulce de los árboles. Usan su largo y filoso pico para hacer agujeros en los troncos de los árboles y extraer la savia.

Las cacatúas tienen fuertes patas con dos dedos delanteros y dos traseros. Sus patas las ayudan a trepar y aferrarse a las ramas mientras comen los frutos y semillas de los árboles.

Los colibríes son las únicas aves que, además de volar hacia adelante, pueden volar hacia atrás y de costado.

Los colibríes beben el líquido azucarado llamado néctar que se encuentra en el interior de las flores. Cuando un colibrí come, usa su pico, lengua y alas. Introduce su largo y delgado pico en una flor y estira su lengua. La lengua actúa como una pajilla y succiona el líquido de la flor. Cuando el colibrí bebe, sobrevuela por encima de la flor o se queda quieto en el mismo lugar. El colibrí se mantiene en el aire agitando sus alas a gran velocidad.

Algunos tipos de cacatúas se alimentan en grupo. Algunas **vigilan** para alertar al grupo en caso de **peligro.**

Los chupasavias de panza amarilla obtienen su alimento de **más de 1.000** tipos de árboles y otras plantas.

Las aves buscan su alimento más activamente por la **mañana** y la **noche**.

Los colibríes pueden agitar sus alas **80 veces por segundo**.

Millones de insectos

Los insectos son el grupo más grande de herbívoros. Hay más insectos en el mundo que cualquier otra forma de vida junta. Los científicos han identificado más de 1 millón de **especies** de insectos. Algunos científicos creen que todavía hay millones de especies de insectos más que todavía no se han descubierto. Muchas especies de escarabajos, moscas, saltamontes y polillas comen plantas.

Los grandes enjambres de langostas y otros tipos de saltamontes suelen comer cosechas, como las de cebada, maíz y trigo. En solo unas pocas horas, estos insectos pueden dañar toda un área

Uno de los herbívoros insectos más hermosos es la mariposa. Hay muchas especies de mariposas en el mundo. La mayoría vive en regiones **tropicales**. Se alimentan del néctar de las flores y beben el jugo dulce de la fruta madura.

La mariposa usa su lengua tubular para sorber su alimento. Esta lengua se llama probóscide. La mariposa despliega la probóscide para sorber el néctar. Cuando termina de beber, enrolla su probóscide debajo de su cabeza.

La mariposa malaquita vive en las selvas de América del Sur y América Central.

Existen
14.000
especies
de mariposas.

Cuando nacen, las mariposas son orugas. La oruga de la mariposa monarca come solo las hojas y los tallos de las **plantas de algodoncillo**.

El insecto más grande del mundo en peso, el **escarabajo goliat africano**, come savia y frutos de árboles.

Herbívoros en primer plano

Hay muchos tipos de herbívoros de diferentes formas y tamaños. Algunos de los animales más grandes y más pequeños son herbívoros. Se pueden encontrar herbívoros en diferentes partes del mundo. Algunos viven en el agua. Muchos viven en la tierra.

La iguana verde

- Puede medir hasta 6 pies (1,8 metros) de largo

- Regresa al mismo lugar día tras día para comer

- Come mayormente plantas de hojas verdes

El elefante

- Es el mamífero terrestre más grande

- Come entre 300 y 600 libras (135 y 270 kg) de alimento por día

- Come corteza de árboles, pasto y hojas

El manatí

- Mide 10 pies (3 m) de largo y pesa 1.200 libras (545 kg)

- Come más de 150 libras (68 kg) de alimento por día

- Se alimenta de hierba de tortuga, camalotes y lechuga de agua

El caracol

- Tiene un cuerpo blando protegido por un caparazón duro en el que se esconde cuando se siente amenazado

- En su boca tiene una estructura similar a una cinta con dientes filosos que lo ayudan a triturar el alimento

- Come plantas vivas y muertas

La jirafa

- Es el mamífero más alto. Puede llegar a medir 18 pies (5,5 m) de altura

- Usa su largo cuello para comer principalmente hojas y ramitas en lo alto de las acacias

- Puede estirar su lengua más de 17 pulgadas (43 centímetros) para alcanzar su alimento

Dónde viven los herbívoros

OCÉANO ÁRTICO

Santuario de Vida Silvestre Thelon

Buey almizclero

El Santuario de Vida Silvestre Thelon, en el norte de Canadá, ha sido un área protegida para el buey almizclero desde que fue fundado en 1927.

AMÉRICA DEL NORTE

OCÉANO PACÍFICO

Desierto de Sonora

Liebre de cola negra

Las liebres de cola negra se encuentran en el Desierto de Sonora, en América del Norte, donde comen pasto, cactus y otras plantas.

AMÉRICA DEL SUR

OCÉANO ATLÁNTICO

LEYENDA DE HÁBITATS
- ACUÁTICO
- DESIERTOS
- BOSQUES
- PRADERAS
- HIELO POLAR
- TUNDRA

1000 Millas
0   1000 Km

N
O — E
S

Observa el mapa para ver dónde pueden vivir algunos tipos de herbívoros. ¿Puedes pensar en otros herbívoros? ¿En qué parte del mapa viven?

Jabalí

El Parque Natural Fuentes Carrionas, en España, es un área protegida para los jabalíes, que comen principalmente frutos, semillas y raíces.

EUROPA

Parque Natural Fuentes Carrionas

ASIA

Tortuga verde

La tortuga verde habita en el Triángulo de Coral. Es la única especie de tortuga marina que es herbívora.

ÁFRICA

Triángulo de Coral

OCÉANO PACÍFICO

OCÉANO ÍNDICO

AUSTRALIA

Parque Nacional de la Cebra de Montaña

OCÉANO DEL SUR

Cebra de montaña

El parque Nacional de la Cebra de Montaña es un área en Sudáfrica, donde vive la Cebra del Cabo.

LA ANTÁRTIDA

Herbívoros en riesgo

Las plantas y los animales dependen unos de otros para sobrevivir. Por ejemplo, cuando las abejas recolectan **polen** para comer, también lo trasladan de una flor a otra. Hay muchos tipos de plantas que no crecen si las abejas u otros insectos no llevan su polen. Si no hubiera flores, las abejas morirían. Si no hubiera abejas, muchas especies de plantas desaparecerían.

Cuando se destruye el hábitat de un herbívoro y ya no hay más alimento, ese herbívoro está **en peligro de extinción**. Todos los días, los herbívoros, desde los insectos hasta los mamíferos, corren peligro de **extinguirse**. En la mayoría de los casos, los humanos son quienes ponen en peligro a las plantas y animales del mundo. Cuando se despeja un terreno para construir comunidades o cultivar, muchas plantas y animales pierden su hogar y su fuente de alimentación.

Herbívoros en peligro de extinción

Estados Unidos coloca al panda gigante en su lista de especies en peligro de extinción.

1984 **1989** **1992**

Estados Unidos prohíbe la importación de marfil para reducir la caza de elefantes africanos por sus colmillos.

El saola, un mamífero parecido a la vaca, es descubierto en los bosques de Vietnam. En 2015, solo quedan unos pocos cientos vivos.

PRIMATÓLOGO

El primatólogo es un científico que estudia a un tipo de mamíferos llamados primates, como los gorilas y los chimpacés. Muchos de estos primates son herbívoros. Los primatólogos estudian los hábitats, cuerpos, dietas y comportamiento de los primates.

Educación

La mayoría de los primatólogos tiene una maestría o doctorado. El foco de su estudio suele ser la biología. También es importante tener conocimientos de informática y escritura.

Condiciones de trabajo

Algunos primatólogos investigan a los primates en la naturaleza. Otros, realizan experimentos en laboratorios.

Herramientas
- **Equipos de campo:** binoculares, tableta con cámara, grabadora de audio y equipo de sistema de posicionamiento global (GPS)
- **Equipos de laboratorio:** computadora, microscopio

El ganso aleutiano canadiense, uno de los primeros animales incluido en la Lista de Especies en Peligro de Extinción en 1967, ha dejado de estar en peligro gracias al crecimiento de su población.

1994   2001   2011

La mariposa azul lotis se ve por última vez en la naturaleza. Se cree que ya se ha extinguido.

El rinoceronte negro del oeste, nativo del centro-oeste de África, es declarado extinto.

La pirámide energética

Una cadena alimentaria es una forma de representar gráficamente la transferencia de energía de un ser vivo a otro. Otra forma de mostrar cómo se conectan es a través de una pirámide energética. La pirámide energética comienza con el sol. El sol proporciona la energía que hace crecer a los productores. Los productores son una fuente de energía para los consumidores primarios en el siguiente nivel de la pirámide. Los consumidores primarios transfieren energía hacia los consumidores terciarios, que están arriba en la pirámide. De esta forma, todos los seres vivos dependen unos de otros para sobrevivir. En el siguiente ejemplo, el pasto es el alimento de los conejos y los conejos son el alimento de los lobos.

Pirámide energética

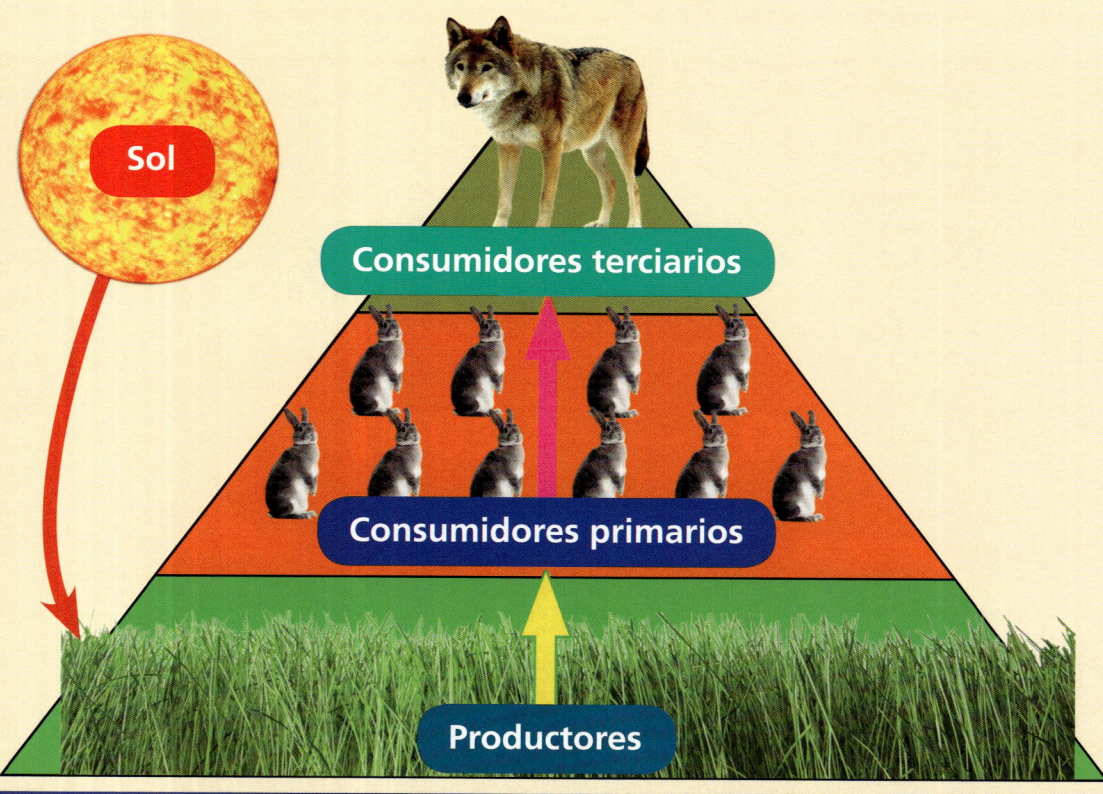

Sol

Consumidores terciarios

Consumidores primarios

Productores

Debajo encontrarás algunos ejemplos de herbívoros y el hábitat donde viven. Elige uno de estos animales u otro herbívoro y aprende más sobre él. Usando Internet y la biblioteca de tu escuela, busca información sobre la dieta del animal. Determina qué animales podría comer el herbívoro. Usando tu herbívoro como consumidor primario, dibuja una pirámide energética que muestre la transferencia de energía. ¿Qué productores son una fuente de energía para el animal que elegiste? ¿Qué consumidores terciarios reciben energía de los consumidores primarios de tu pirámide energética?

Cuestionario

Basándote en lo que acabas de leer, intenta responder las siguientes preguntas correctamente.

1 ¿Qué significa la palabra herbívoro?

Respuesta: Que come plantas

2 ¿Qué comen mayormente las jirafas?

Respuesta: Hojas y ramitas de acacias

3 ¿Qué otro nombre recibe la lengua de la mariposa?

Respuesta: Probóscide

4 ¿Cuántas cámaras estomacales tiene una vaca?

Respuesta: Cuatro

5 ¿Qué comen los colibríes?

Respuesta: El néctar de las flores

6 En la cadena alimentaria, ¿las plantas son productores o consumidores?

Respuesta: Productores

7 ¿Cuál es el único alimento del koala?

Respuesta: Hojas del eucalipto

8 ¿Cuánto come un elefante por día?

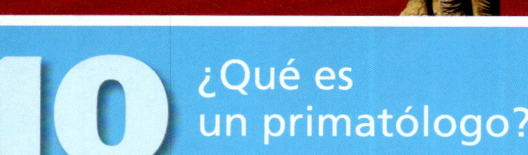

Respuesta: Entre 300 y 600 libras (135 y 270 kg) de comida por día

9 ¿En qué año se declaró extinto el rinoceronte del oeste?

Respuesta: 2011

10 ¿Qué es un primatólogo?

Respuesta: Un científico que estudia un tipo de mamífero llamado primate

Palabras clave

adaptan: ajustar o modificar algo con tiempo para poder vivir en un ambiente

bacterias: un tipo de seres vivos tan pequeños que no pueden verse a simple vista

brotes: partes de una planta que está comenzando a crecer por encima de la tierra

consumidores: animales que se alimentan de plantas u otros animales

digerir: descomponer materiales para que el cuerpo pueda utilizarlos

energía: la potencia utilizable que los seres vivos obtienen de los alimentos y utilizan para crecer, moverse y estar sanos

en peligro de extinción: en riesgo de extinguirse o desaparecer de la Tierra

especies: un grupo de seres vivos del mismo tipo cuyos miembros pueden tener cría

extinguirse: desaparecer de la Tierra

hábitats: medioambientes en los que viven los animales

mamíferos: animales con piel o pelaje que maman leche de su mamá cuando son jóvenes

polen: partículas diminutas parecidas al polvo producidas por una planta, necesarias para que las semillas crezcan y se conviertan en nuevas plantas

productores: seres vivos, como plantas, que producen su propio alimento

roen: muerden o mastican algo una y otra vez para romperlo o gastarlo

tropicales: áreas con clima cálido todo el año

vegetación: vida vegetal

Índice

LIGHTB✦X

✚ RECURSOS COMPLEMENTARIOS

Haga clic en el signo ✚ que se encuentra en la esquina inferior izquierda de cada hoja para abrir más recursos para docentes.

- Descargue e imprima los cuestionarios y actividades del libro
- Acceda a las correlaciones curriculares
- Explore otras aplicaciones web que optimizan la experiencia de Lightbox

TÍTULOS DIGITALES DE LIGHTBOX
Incluyen un paquete completo de medios integrados

VIDEOS

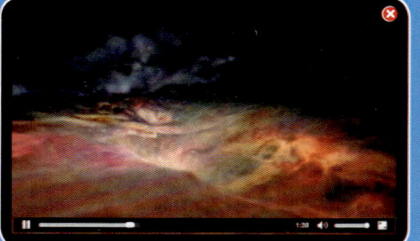

MAPAS INTERACTIVOS

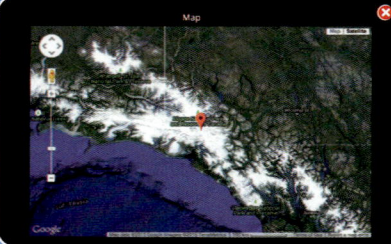

ENLACES WEB

PRESENTACIONES EN DIAPOSITIVAS

CUESTIONARIOS

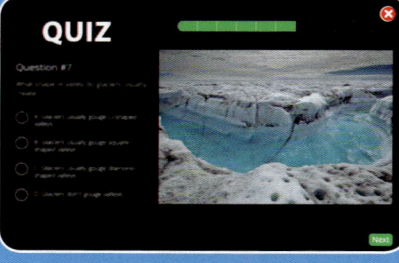

OPTIMIZADO PARA

✓ **TABLETAS**
✓ **PIZARRAS ELECTRÓNICAS**
✓ **COMPUTADORAS**
✓ **¡Y MUCHO MÁS!**

Published by Smartbook Media Inc.
350 5th Avenue, 59th Floor New York, NY 10118
Website: www.openlightbox.com

Library of Congress Control Number: 2017933897

ISBN 978-1-5105-2437-8 (hardcover)
ISBN 978-1-5105-1641-0 (multi-user eBook)

Printed in Brainerd, Minnesota, United States
1 2 3 4 5 6 7 8 9 0 21 20 19 18 17

032017
021317

Spanish Project Coordinator: Jared Siemens
Spanish Editor: Translation Cloud LLC
Editor: Heather Kissock
Designer: Ana Maria Vidal

Photo Credits
Every reasonable effort has been made to trace ownership and to obtain permission to reprint copyright material. The publishers would be pleased to have any errors or omissions brought to its attention so that they may be corrected in subsequent printings. The publisher acknowledges Getty Images, Minden Pictures, Newscom, Alamy, and iStock as its primary image suppliers for this title.